지은이 송미영

출판사에서 오랫동안 어린이책을 기획하고 만들었습니다.
지금은 어린이들의 마음에 양식이 될 수 있는 좋은 책을 쓰기 위해 노력하고 있습니다.
쓴 책으로《한집에 62명은 너무 많아!》《열매도 마음도 풍요로운 가을》들이 있습니다.

그린이 민유경

대학교 시각디자인과에 입학해 자기소개를 할 때
그림책에 그림을 그리는 것이 꿈이라고 말했다고 합니다.
대학교를 졸업한 뒤 그림책을 만드는 출판사에서 일했고,
지금은 그림책에 그림을 그리는 꿈을 이루며 살고 있습니다.
그린 책으로《우리 엄마예요?》《참구리의 목소리 찾기》《담요가 사라졌다!》
〈3~5세 아이들을 위한 바른 습관 그림책 시리즈〉들이 있습니다.

생각가지 펼치기 5 직업

지은이 송미영 | **그린이** 민유경
펴낸날 2018년 9월 5일 초판 1쇄, 2025년 12월 1일 초판 5쇄
펴낸이 신광수 | **출판사업본부장** 강윤구 | **출판개발실장** 위귀영
아동인문파트 김희선, 박인의, 설예지, 이현지 | **출판디자인팀** 최진아
출판기획팀 정승재, 김마이, 박재영, 이아람, 전지현
출판사업팀 이용복, 민현기, 우광일, 김선영, 이강원, 허성배, 정유, 정슬기, 정재욱, 박세화, 김종민, 정영묵
출판지원파트 이형배, 이주연, 이우성, 전효정, 장현우
펴낸곳 (주)미래엔 | **등록** 1950년 11월 1일 제16-67호
주소 서울특별시 서초구 신반포로 321 | **전화** 미래엔 고객센터 1800-8890 팩스 541-8249
홈페이지 주소 www.mirae-n.com

ⓒ 송미영 2018
이 책은 무단으로 전재하거나 복제할 수 없습니다.

ISBN 979-11-6233-750-9 74810
ISBN 978-89-378-6562-6 (세트)

책값은 뒤표지에 있습니다.
파본은 구입처에서 교환해 드리며, 관련 법령에 따라 환불해 드립니다. 다만, 제품 훼손 시 환불이 불가능합니다.

KC 마크는 이 제품이 공통안전기준에 적합하였음을 의미합니다.
사용 연령: 8세 이상

직업

송미영 글 | 민유경 그림

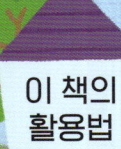

이 책의 활용법

생각가지를 펼친다고? 어떻게?

1 '직업' 주제 이야기를 읽어 봐!

> 먼저, 직업이 무엇인지 알아보자!

2 '직업'에 대해 무엇이 궁금한지 질문해 봐!

설문 조사를 통해 또래 친구들이 '직업'에 대해 궁금해하는 질문을 수집했어!
그 가운데 친구들이 가장 궁금해하는 질문들이 네 가지 주제로 담겨 있어!

3 하나씩 호기심을 해결하고, 생각가지로 개념을 잡아 봐!

생각가지를 활용하면 배운 내용이 한눈에 보여서,
개념이 체계적으로 정리되고 오랫동안 기억할 수 있어.

❶ '직업'에 대한 호기심을 질문해!

❸ 본문에서 알게 된 내용을 생각가지로 정리해!

❷ 호기심을 해결하다 보면, 지식이 저절로 쏙쏙!

4 생각가지를 연결하며 '직업'에 대한 생각을 점점 활짝 펼쳐 봐!

생각가지를 무리 짓고 연결해 나가며, 지식 체계를 탄탄히 잡고
새로운 생각들을 자유자재로 펼칠 수 있을 거야.

QR 코드를 찍으면 독후 활동지를 다운로드 할 수 있어!

잠깐! 생각가지 플러스도 꼭 읽어 봐!
생각가지에 담을 수 없었던 다양한 호기심을 채워 줄 거야!

직업이 뭐야? 6

🌱 첫 번째 생각가지
일은 왜 하는 거야?

일을 안 하면 안 돼? 10
어린이도 일을 해야 해? 12
소방관은 왜 밤에도 일해? 14
'소중한 직업' 생각가지 16
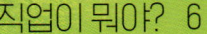 가장 오래된 직업은 뭘까? 18

🌱 두 번째 생각가지
우리 동네 사람들은 무슨 일을 해?

누가 든든하게 지켜 줘? 22
누가 이리저리 옮겨 줘? 24
누가 말끔하게 고쳐 줘? 26
누가 편리하게 만들어 줘? 28
누가 우리에게 정보를 전해 줘? 30
'다양한 직업' 생각가지 32
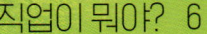 북적북적 어린이 프로그램 34

세 번째 생각가지
직업에 따라 입는 옷이 달라?

운동선수는 왜 같은 옷을 입어? 38
환경미화원은 왜 형광색 옷을 입어? 40
포수는 왜 마스크를 써? 42
요리사는 왜 기다란 모자를 써? 44
'옷과 직업' 생각가지 46
생각가지 플러스 옷과 직업에 대한 말 말 말 48

네 번째 생각가지
나는 자라서 어떤 일을 할까?

남들과 다르게 생각해? 52
몸이 날쌔고 유연해? 54
사람들을 행복하게 하는 게 좋아? 56
남을 돕는 게 좋아? 58
'나의 꿈과 직업' 생각가지 60
생각가지 플러스 아슬아슬 위험한 직업 62

직업이 뭐야?

화창한 봄날, 개미가 씨앗을 뿌리러 가다가 꽃밭에서 베짱이를 보았어.

더운 여름날, 개미가 풀을 뽑다가 다시 베짱이를 보았어.

선선한 가을날, 개미는 곡식을 거두어 가다가 또 베짱이를 보았어.

추운 겨울날, 개미는 베짱이가 무슨 일을 하는지 그제야 알 수 있었어.

봄을 기다리는 연주회

아, 봄에 피었던 예쁜 꽃이 생각나는 음악이야.

개미는 곡식을 키우는 '농부'야. 베짱이는 아름다운 음악을 연주하는 '음악가'지. 농부와 음악가처럼 먹고살기 위해 꾸준히 하는 일을 **직업**이라고 해.

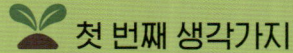
첫 번째 생각가지

일은
왜 하는 거야?

퀴즈! 퀴즈! 왜 사람들은 일을 할까요?

행복해지려고!

일을 안 하면 안 돼?

힘이 세서?

어린이도 일을 해야 해?

밤에 자기 싫어서?

소방관은 왜 밤에도 일해?

일을 안 하면 안 돼?

부모님이 일하지 않고 날마다 놀아 주면 좋겠다고?
하지만 일을 하면 좋은 점이 참 많아.

돈을 벌 수 있어

맛있는 음식을 먹고, 따듯한 옷을 입고, 편안한 집에서 살려면 돈이 필요해.
사람들은 대부분 직업을 가지고 일을 해서 돈을 벌어.

행복을 느낄 수 있어

어렸을 때부터 하고 싶었던 꿈을 이루게 되면 행복해. 열심히 일을 하다 보면
유명해지거나 상을 받기도 하는데, 그때 보람도 느낄 수 있어.

돈을 벌 수 있어

행복을 느낄 수 있어

일하는 이유

다 함께 잘 살 수 있어

다 함께 잘 살 수 있어

우리가 편리하게 살 수 있는 건, 수많은 사람들이 각자 자기 자리에서 열심히 일한 덕분이야.

내가 일을 해야 텔레비전이 만들어져.

내가 일을 해야 텔레비전을 가게로 옮기지.

내가 일을 해야 텔레비전을 광고할 수 있어.

내가 일을 해야 사람들이 텔레비전을 살 수 있어.

돈을 받지 않고 자기 재능을 어려운 이웃에게 나누어 주는 사람들도 있대.

아, 꼭 돈을 벌려고 일을 하는 건 아니구나!

어린이도 일을 해야 해?

직업을 가지고 일을 하려면 먼저 어른이 되어야 해.
하지만 어른도 평생 일하는 건 아니야.

어린이는 일을 안 해
어린이는 일을 하는 것보다
잘 먹고 잘 자고 건강하게
쑥쑥 자라는 게 더 중요해.

학생은 공부를 해
학생은 지식과 교양을 갖추는
공부를 해. 친구들과 사이좋게
지내는 것도 중요한 공부야.

어린이에게 일을 시키는 건
법으로도 금지되어 있어.

일하는 나이

- 어린이는 일을 안 해
- 학생은 공부를 해
- 어른은 일할 수 있어
- 노인은 주로 일하지 않아

어른은 일할 수 있어

어른이 되면 직업을 가지고 일을 할 수 있어. 전문학교나 대학교에 가서 공부를 더 하기도 해.

노인은 주로 일하지 않아

나이가 들어서 몸이 힘들어지면 일을 그만두기도 해. 이런 걸 '은퇴'라고 해.

노인 직원 환영!

일본에는 60세 넘은 노인만 직원으로 뽑는 회사가 있어. 노인들이 쌓아 온 풍부한 지식과 경험을 살리려고 그런 거야. 이 회사는 많은 노인들의 환영을 받았어. 월급을 안 받아도 좋으니 일을 하게 해 달라는 사람이 있을 정도였지. 일을 한다는 것은 돈을 버는 것 이상의 소중한 의미가 있어.

소방관은 왜 밤에도 일해?

소방관은 일하는 사람이 낮과 밤으로 나뉘어 있어서 번갈아 가면서 일해. 직업에 따라 일하는 시간이 서로 달라.

환한 낮에 주로 일해

회사원은 보통 아침 9시부터 저녁 6시까지 일해.

문 여닫는 시간은 주인이 정해.

상인은 보통 사람이 많은 낮에 문을 열고, 밤이 되어 사람이 뜸해지면 문을 닫아.

낮밤 교대로 일해

범죄는 밤에 많이 일어나거든.

경찰관은 사람들이 늘 안전하도록 낮밤 교대로 지켜 줘.

아픈 사람이 늦은 밤에 와도 치료해야 하거든.

응급실 의사와 간호사도 낮밤 교대로 일하며 생명을 지켜.

 낮
 밤

일하는 시간

낮밤 교대로

새벽

캄캄한 **밤**에 일해

도매시장의 상인은
밤에 문을 열고 새벽에 닫아.

어부는 밤에 물고기를
잡는 경우가 많아.

오징어 같은 물고기는
밤이 되어야
위로 올라오거든.

소매상인은
밤에 물건을 사서,
낮에 동네에서 팔아.

이른 **새벽**부터 일해

일찍 일하러 가는 사람들을
태워 주어야지.

사람들이 상쾌하게
하루를 시작할 수 있도록
깨끗이 해야지.

버스 기사, 지하철 기관사는
새벽 일찍부터 차를 몰아.

나 같은 음악가는
일하는 시간이
들쭉날쭉해.

그래도 규칙적으로
일해야 건강하지.

환경미화원은 새벽 일찍부터
거리를 청소해.

첫 번째 생각가지

알쏭달쏭!
소중한 직업에 대해
잘 알아보았니?
어떤 내용이 있었는지
생각가지를 모아 보자.

나도 내 직업이 소중해.
농사일이 세상에서
가장 보람차!

일만 하지 말고
나처럼 즐기는 법도
배워 봐.

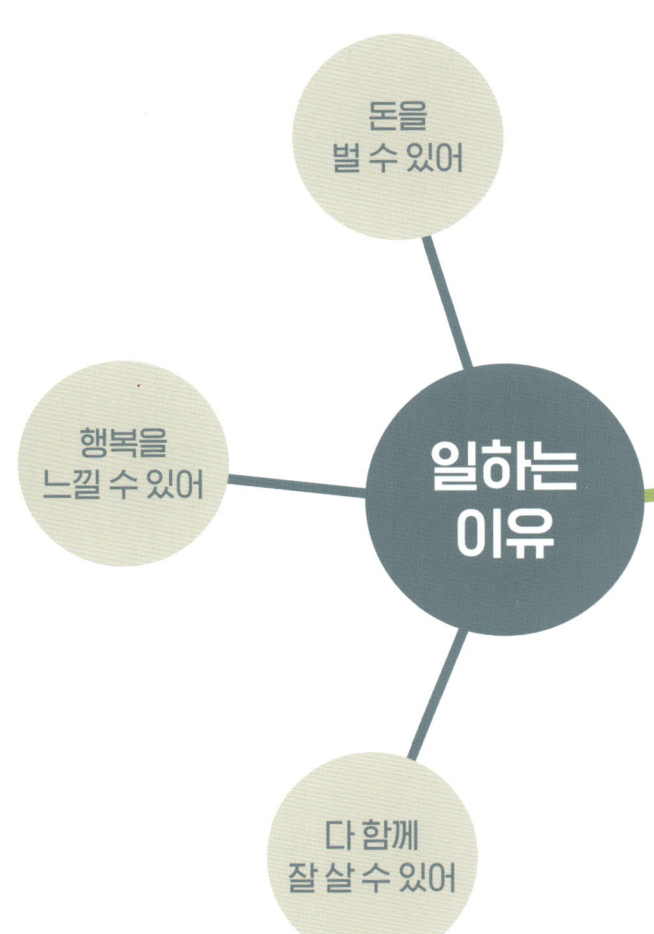

- 돈을 벌 수 있어
- 행복을 느낄 수 있어
- 다 함께 잘 살 수 있어

일하는 이유

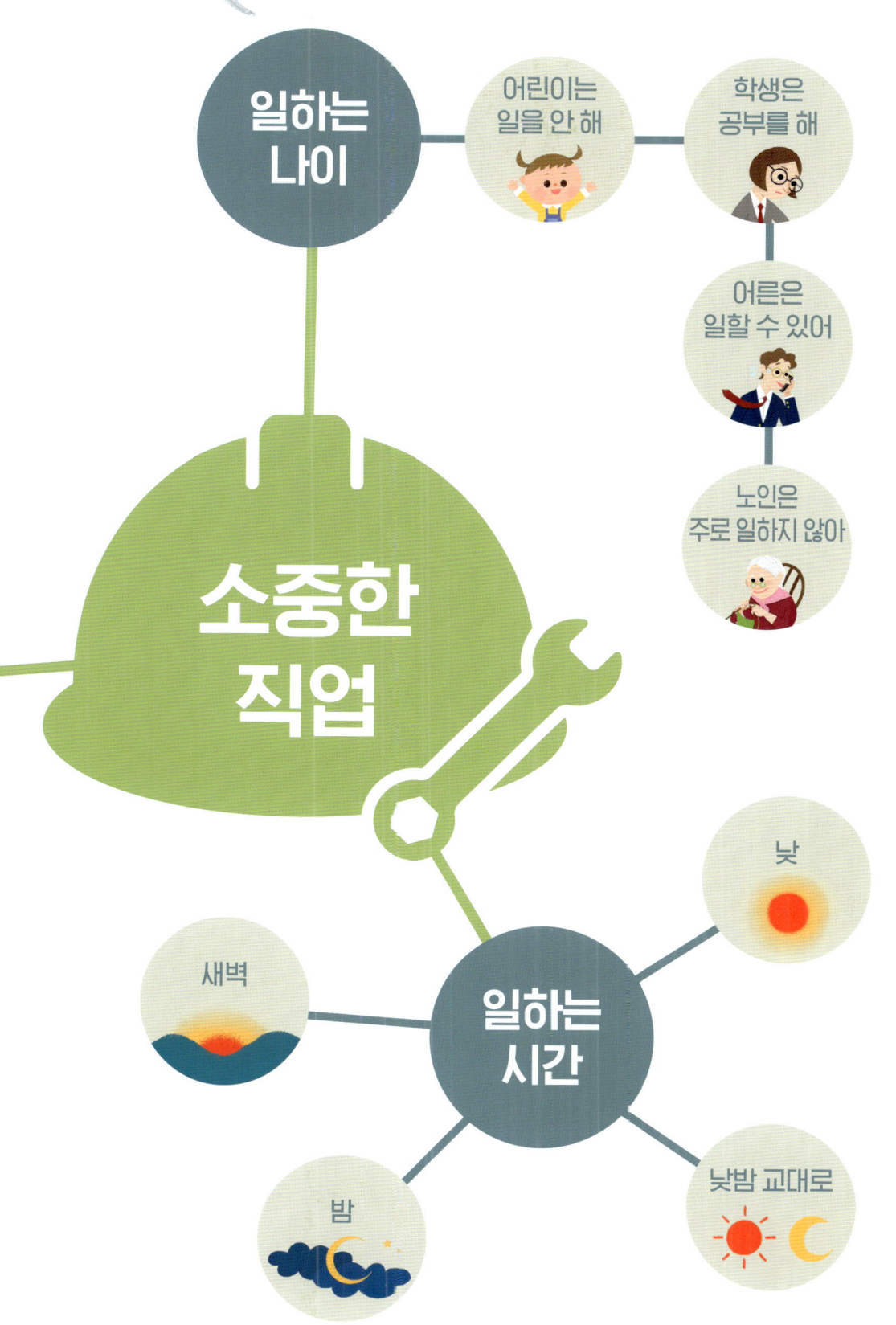

생각가지 플러스
가장 오래된 직업은 뭘까?

돌창을 든 사냥꾼이야!

아주 먼 옛날에 살았던 사람들은 먹고살기 위해 사냥을 했어.
돌로 만든 창 하나만 있으면, 자그마한 토끼부터 커다란 매머드까지 잡을 수 있었지.
사냥한 짐승의 고기를 먹고, 가죽으로 옷을 만들어 입었어.

사람들은 언제부터 일을 했을까?
아주 오래전에도 지금처럼 다양한 직업이 있었을까?

작살과 그물을 든 어부야!

강가나 바닷가에 살던 사람들은 물속에서 먹을 것을 구했어. 작살이나 그물로 물고기를 잡고, 조개를 잔뜩 잡아 익혀 먹기도 했지. 용감한 어부들은 거대한 고래도 잡았어.

씨앗을 뿌리는 농부야!

먹을 것을 찾아 이리저리 떠돌아다니는 생활은 힘들어. 그래서 땅에 씨앗을 뿌려 쌀, 보리 같은 곡식을 키우게 되었어. 가을에 곡식을 거두면 다음 한 해 동안 먹고살 식량이 생긴 거야. 이때부터 튼튼한 집을 짓고 한곳에 머물러 살 수 있게 되었지.

가장 오래된 직업은 모두 식량을 구하는 일이구나.

그럼! 먹고사는 문제가 해결되어야, 나처럼 음악도 할 수 있는 거야.

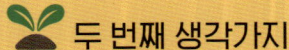
두 번째 생각가지

우리 동네 사람들은 무슨 일을 해?

누가 든든하게 지켜 줘?

모두모두 바쁘게 일을 하러 가고 있어. 어떤 직업을 가진 사람들인지 알아맞혀 봐.

일단 멈춤

누가 우리에게 정보를 전해 줘?

누가 편리하게 만들어 줘?

누가 이리저리 옮겨 줘?

누가 말끔하게 고쳐 줘?

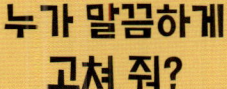

(정답) 소방관, 택배원, 기자, 의사, 요리사, 기자

누가 든든하게 지켜 줘?

불이 나거나 도둑이 들까 봐 걱정이 돼서 잠이 안 온다고?
걱정 마. 밤낮없이 우리의 안전을 지키는 사람들이 있어.

화재와 사고를 막는 **소방관**

위험에 처한 사람이 있는 곳이라면 어디든 출동해서 구조해.

불이 나거나 위험한 사고를 당하면 어디로 전화해야 해?

119에 전화하면 도와줘!

불이 났을 때 재빨리 출동해서 사람들을 대피시키고 불을 꺼.

환자에게 출동해 응급조치를 하고, 급히 병원으로 옮겨.

 소방관

안전을 지키는 직업

 경찰관 / 군인

나쁜 범죄자를 잡는 경찰관

나쁜 짓을 한 범인을 추적해서 잡아.

교통 법규를 어긴 사람을 찾아내어 도로의 안전을 지켜.

위험한 사람이 있는지 살피면서 동네의 안전을 지켜.

우리나라를 지키는 군인

공군은 비행기를 타고 우리 하늘을 지켜.

해군은 커다란 함정과 잠수함을 타고 바다를 지켜.

육군은 우리 땅을 안전하게 지켜.

누가 이리저리 옮겨 줘?

집 밖으로 한 발자국도 나가지 않아도 필요한 걸 얻을 수 있어.
물건을 이리저리 옮기는 일을 하는 사람들이 있거든.

맛있는 음식을 옮기는 배달원
호록호록 짜장면, 모락모락 피자, 고소한 통닭은
배달원이 집까지 가져다줘.

다양한 물건을 옮기는 택배 기사
택배 기사는 쇼핑몰에서 주문한 물건을 가져다주고
다른 곳으로 보내는 물건을 가져가기도 해.

뭐든 배달해 주니까 전화랑 인터넷만 있으면 밖에 나갈 일이 없네.

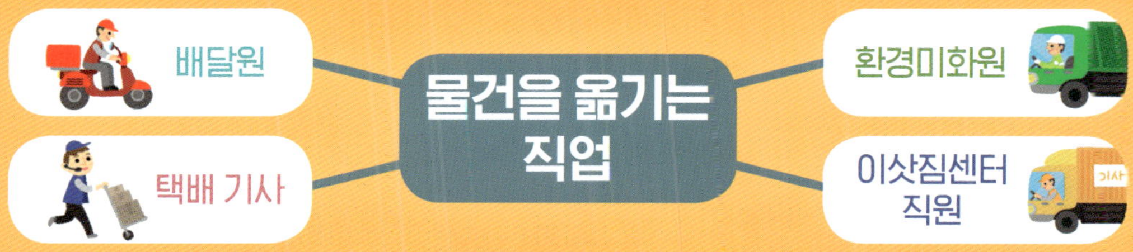

물건을 옮기는 직업

쓰레기와 재활용품을 옮기는 환경미화원
환경미화원이 거두어 간 쓰레기는 소각장에서 태우고, 재활용품은 다시 새로운 물건을 만드는 데 쓰여.

이삿짐을 옮기는 이삿짐센터 직원
이삿짐을 안전하게 포장해서 옮기고, 옮긴 이삿짐을 원래 집과 똑같이 정리하는 일을 해.

그렇게 집에만 있으면 돼지 베짱이가 될걸.

누가 말끔하게 고쳐 줘?

병이 나거나 다쳐서 몸이 아프다고? 물건이 망가졌다고?
뭐든지 척척 치료하고 고치는 일을 하는 사람들이 있으니까 괜찮아.

아픈 사람을 고치는 의사
다치거나 병에 걸리면 의사가 고쳐 줘. 내과, 외과, 안과 등 아픈 부위에 따라 가는 병원이 달라.

아픈 동물을 고치는 수의사
강아지, 고양이 같은 동물이 아프면 수의사가 고쳐.

호랑이나 코끼리 같은 커다란 동물도 수의사가 치료해.

치료하고 고치는 직업

고장 난 곳을 고치는 **수리 기사**

텔레비전 같은 전자 제품을 고치는 수리 기사,
꽉 막힌 하수관을 뚫는 수리 기사,
보일러를 고치는 수리 기사처럼
다양한 수리 기사가 있어.

전자 제품 수리점

차를 고치는 **자동차 정비공**

자동차가 이상한 소리를 내거나
움직이지 않으면 자동차 정비공이
뚝딱뚝딱 고쳐.

차를 위로 번쩍 들어 올리는 기계를 사용하기도 해.

누가 편리하게 만들어 줘?

사람은 누구나 맛난 음식, 어울리는 옷, 편안한 집을 원해.
우리를 편리하게 해 주는 음식, 옷, 집은 누가 만들까?

옷을 만드는 의상 디자이너
때와 상황에 따라 달리 입는 다양한 옷은 의상 디자이너가 만든 거야.

음식을 만드는 요리사
여러 가지 재료를 굽고 찌고 볶아서 맛난 음식으로 만드는 사람이 요리사야.

 의상 디자이너
요리사
만들어 주는 직업
 건축가

집을 만드는 **건축가**

비바람과 추위를 막아 주는 집, 사무실이 있는 높은 빌딩, 멋진 박물관, 커다란 놀이공원은 모두 건축가가 만들어.

먼저, 어떤 빌딩을 세울지 계획을 세워.

실제와 똑같이 모형을 작게 만들어 봐.

드디어 빌딩을 짓기 시작해.

세계에서 가장 높은 빌딩 완성!

그럼, 강을 건너는 튼튼한 다리는 누가 만들어?

그것도 건축가가 만들지.

누가 우리에게 정보를 전해 줘?

날마다 들려오는 새로운 소식은 누가 전해 주는 걸까?
놀라운 사건과 정보는 또 누가 알려 주는 걸까?

소식을 전달하는 아나운서
아나운서는 라디오나 텔레비전을 통해서 소식을 전달해.
스포츠 경기를 중계하는 아나운서도 있어.

날씨를 알려 주는 기상 캐스터
기상 캐스터는 비가 올지 맑을지 날씨를 알려 줘.
기상청에서 날씨 정보를 받아서 사람들이 알기 쉽게 전달해.

 아나운서
기상 캐스터
정보를 전하는 직업
기자

새로운 소식을 찾아내는 **기자**

기자는 우리 주변에서 일어나는 흥미로운 사건을 찾아다녀. 알아낸 정보는 기사를 통해 우리에게 전달돼.

사건 현장에 가서 취재를 해.

신문 기자, 잡지 기자, 방송 기자 등 다양한 기자가 있어.

취재한 내용으로 기사를 생생하게 작성해.

기자가 쓴 기사는 핸드폰이나 컴퓨터, 신문 등으로 볼 수 있어.

두 번째 생각가지

알쏭달쏭!
다양한 직업에 대해
잘 알아보았니?
어떤 내용이 있었는지
생각가지를 모아 보자.

우아, 세상에는 직업이 참 많구나!

각자 열심히 자기 일을 해 주는 덕분에 우리가 편리하게 사는 거야.

생각가지 플러스: 북적북적 어린이 프로그램

텔레비전 프로그램을 만들려면 많은 사람이 필요해.
어린이 프로그램은 어떤 사람들이 만드는지 살펴볼까?

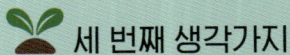# 세 번째 생각가지

직업에 따라 입는 옷이 달라?

운동선수는 왜 같은 옷을 입어?

환경미화원은 왜 형광색 옷을 입어?

어울리지 않는 물건을 가지고 있는 사람 셋을 찾아봐.

앗! 헷갈린다, 헷갈려!

포수는 왜
마스크를 써?

요리사는 왜
기다란 모자를 써?

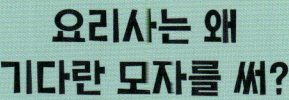

(정답) 공을막으려고, 주방위생, 안전

운동선수는 왜 같은 옷을 입어?

운동선수처럼 같은 팀끼리 똑같이 맞추어 입는 옷을 제복이라고 해.
같은 회사에 다니는 사람들끼리 제복을 맞춰 입기도 해.

운동선수는 팀끼리 같은 운동복을 입어

운동선수는 경기할 때 팀끼리 같은 운동복을 입어서 팀을 구별해.
선수들끼리는 서로 한 팀이라는 느낌이 들고, 관객은 팀을 구분하기 좋아.

판사와 검사는 법복을 입어

검은색 법복은 법의 권위와 엄숙함을
나타내. 판사와 검사는 법복을 입고
재판에 참석해.

검사는 범죄자를 조사하고, 판사는 판결을 내려.

제복을 입는 직업: 운동선수, 판사와 검사, 비행기 승무원, 상점 직원

비행기 승무원은 단정한 제복을 입어

비행기에서 일하는 사람은 모두 제복을 입어.
기장은 기장복을 입어서 다른 승무원과 쉽게 구분할 수 있어.

상점 직원은 눈에 띄는 제복을 입어

마트나 백화점, 패스트푸드 판매점에서 일하는 직원은 제복을 입어.
손님들이 직원을 쉽게 알아보고 도움을 청하기 좋아.

환경미화원은 왜 형광색 옷을 입어?

위험한 일을 하는 사람들은 특별한 보호가 필요해.
그래서 생명과 안전을 지킬 수 있는 특별한 옷을 입어.

환경미화원은 형광색 옷을 입어
형광색 옷은 어두운 곳에서도 잘 보여서 새벽에 거리를 청소하는 환경미화원을 보호해 줘.

> 환경미화원의 옷은 빛을 비추면 환하게 보여.

소방관은 특수 방화복을 입어
특수 방화복은 뜨거운 불길에도 타지 않고 잘 견뎌.

> 화재 현장에서 숨을 쉴 수 있게 산소통과 연결된 마스크도 써.

경찰특공대는 방탄복을 입어
총알을 막아 내는 방탄복을 입어서 자신의 생명을 보호해.

잠수부는 잠수복을 입어
몸이 차가워지거나 상처를 입지 않도록, 온몸을 감싸는 잠수복을 입어.

> 오리발을 신으면 물속에서 빨리 헤엄을 칠 수 있어.

특별한 옷을 입는 직업

- 환경미화원
- 소방관
- 경찰특공대
- 잠수부
- 우주인

우주인은 우주복을 입어

우주복은 최신 과학 기술을 모두 쏟아부어 만든 놀라운 옷이야.

생명 유지 장치
숨 쉴 수 있게
산소를 공급하고
온도와 습도도 조절해.

통신 장치
우주선에 있는 사람들과
이야기를 주고받을 수 있어.

우아, 멋지다!

우주복
우주 쓰레기와 암석으로부터
몸을 보호하고, 위험한 방사선도
막아 줘.

소변 장치
오랜 시간 우주에서 일할 때
급한 볼일을 해결할 수 있어.

우주복이 세상에서 가장 비싼 옷이래.

포수는 왜 마스크를 써?

포수는 공을 받다가 다칠 수 있어서 마스크를 써.
이렇게 몸을 보호하기 위해 보호 장구를 사용하는 직업이 있어.

포수는 온몸에 보호 장구를 써

야구에서 포수는 투수가 던진 공을 받는 선수야. 공에 맞더라도 다치지 않게 보호 장구를 착용해.

- 얼굴을 보호하는 마스크
- 가슴 보호대
- 두꺼운 미트
- 정강이 보호대

야구공은 돌덩이처럼 단단해서 위험해.

포수는 꽤 위험한 직업이구나!

안전모 옆면에 이름과 혈액형을 써서 갑작스러운 사고에 대비해.

이름	김미래
혈액형	O형

건설 현장 근로자는 안전모를 써

건설 현장은 사고가 많이 나서 위험해. 건설 현장 근로자는 반드시 안전모를 써서 머리를 보호해야 해.

보호 장구를 쓰는 직업

- 포수
- 건설 현장 근로자
- 용접공
- 양봉업자

용접공은 용접면을 써

용접공은 쇠를 녹여서 서로 붙이는 일을 해. 열기와 불꽃으로부터 얼굴을 보호하려고 용접면을 써.

양봉업자는 양봉 모자를 써

양봉업자는 꿀벌을 키워 꿀을 모아. 벌에 쏘여 다칠 수 있어서 양봉 모자로 얼굴을 보호해.

벌이 들어오지 못하게 촘촘한 그물로 덮여 있어.

요리사는 왜 기다란 모자를 써?

특별한 도구를 이용해서 일을 하는 직업도 있어.
그 일을 잘하기 위해서 꼭 필요한 도구들이야.

요리사는 기다란 모자를 써

불을 사용하기 때문에 주방은 몹시 더워.
그래서 머리에 바람이 잘 통하도록
모자 높이를 높게 했어.

심판은 호루라기를 불어

심판은 운동경기가 규칙대로 이루어지는지
누가 이겼는지 판단해. 규칙을 어기면
호루라기를 불거나 깃발, 카드 등을 들어.

축구 경기에서
심판이 노란 카드를 내밀면
'경고' 라는 뜻이야.

빨간 카드를 받은 선수는
경기장에서 나가야 해.

 요리사
심판
도구를 쓰는 직업
 지휘자
경호원
의사

지휘자는 지휘봉으로 연주해

지휘자는 오케스트라나 합창단을 앞에서 이끌어. 연주자들은 지휘자의 지휘봉을 보고 음악의 빠르기와 세기를 맞춰.

경호원은 무전기로 연락해

경호원은 대통령이나 연예인 등을 안전하게 지키는 직업이야. 무전기로 서로 연락하면서 위험한 사람이 없는지 확인해.

의사는 청진기로 진찰해

의사는 청진기를 몸에 대어 건강에 이상이 없는지 확인해. 청진기로 몸속 작은 소리도 크게 들을 수 있거든.

세 번째 생각가지

알쏭달쏭!
옷과 직업에 대해
잘 알아보았니?
어떤 내용이 있었는지
생각가지를 모아 보자.

나 같은 농부도 멋진 제복이 있으면 좋겠어.

자기 마음대로 입을 수 있으니 자유롭고 좋잖아.

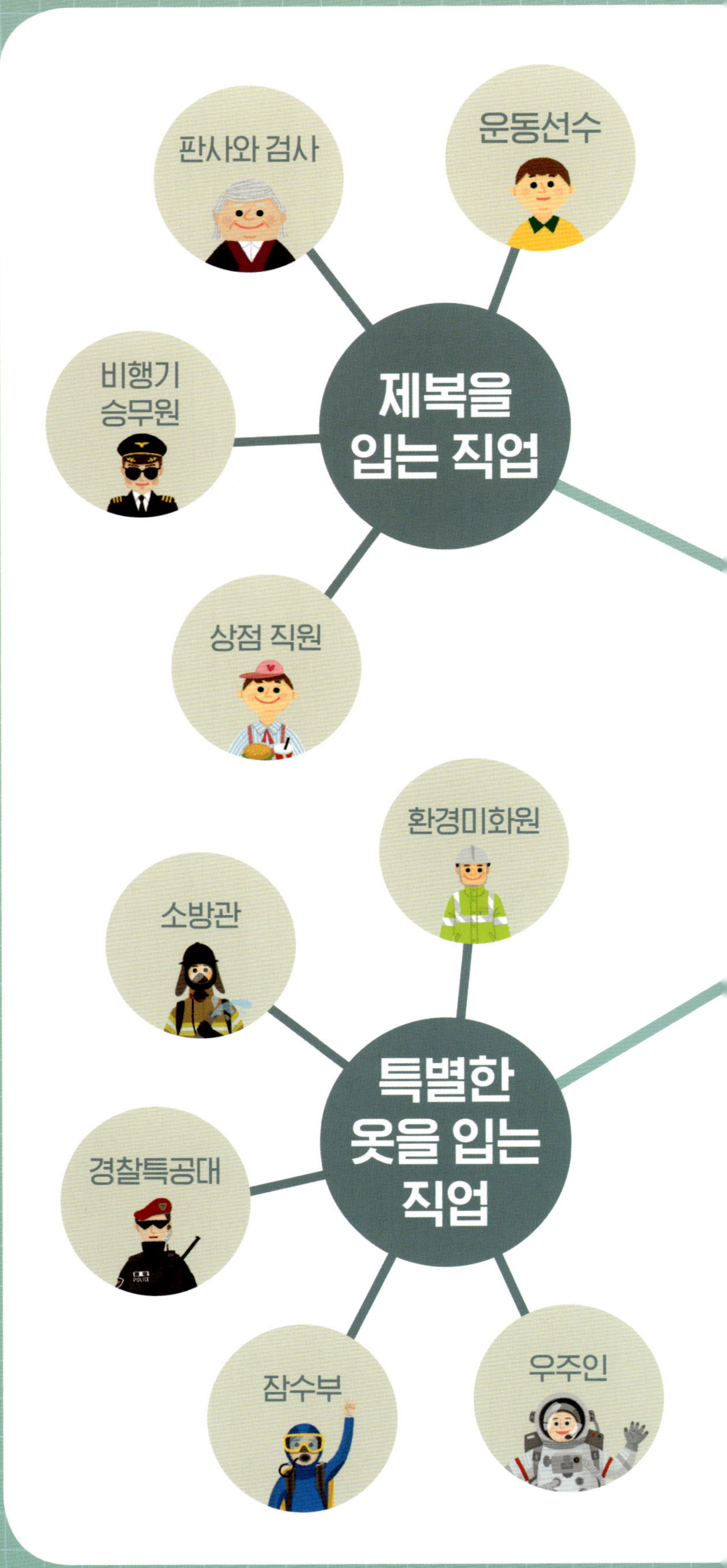

제복을 입는 직업
- 판사와 검사
- 운동선수
- 비행기 승무원
- 상점 직원

특별한 옷을 입는 직업
- 소방관
- 환경미화원
- 경찰특공대
- 잠수부
- 우주인

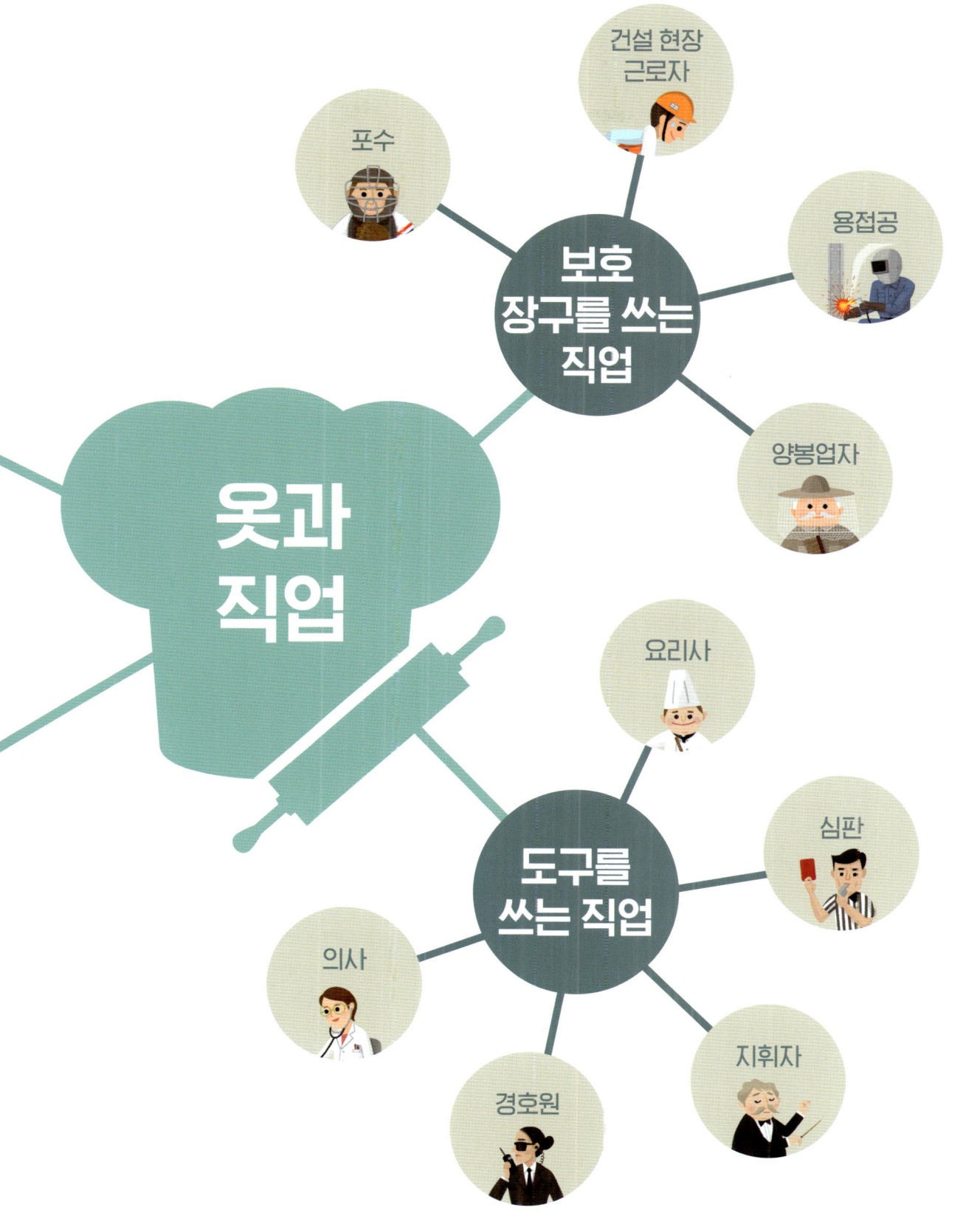

생각가지 플러스: 옷과 직업에 대한 말 말 말

이 옷을 벗을 때까지 열심히 일하겠습니다

옷을 왜 갑자기 벗느냐고?
옛날부터 사람이 직업을 가지게 되면
특별한 옷을 입는 경우가 많았어.
벼슬아치는 관복을 입고,
군인은 군복을 입었지.
그런데 일을 그만두면 더 이상
그 옷을 입을 수 없게 되니까,
일을 그만두는 것을 '옷을 벗는다'라고
표현했어.

옷과 직업은 옛날부터 관계가 깊었어. 그래서 옷과 직업에 대한 재미있는 말들이 많이 전해 오지. 어떤 말들이 있는지 살펴보자.

옷이 사람을 만든다

입는 옷에 따라 사람의 행동도 바뀐다는 말이야.
집에서 평상복을 입고 있을 때에는 편안한 모습인데, 직장에 가서 경찰복을 입으면 저절로 자세를 바르게 하게 돼.
너는 어른이 되어서 어떤 옷을 입은 사람이 되고 싶니?

가림은 있어야 의복이라 한다

가려야 할 데를 제대로 가려야 의복, 즉 옷이라고 한다는 말이야.
사람도 마찬가지로 자기가 맡은 일을 제대로 해야 대우를 받을 수 있다는 말이기도 하지.
어떤 직업을 선택할까도 중요하지만, 그보다 더욱 중요한 것은 무슨 일을 하든 그 일을 제대로 잘해 내는 게 아닐까?

난 농사를 제대로 짓는 농부지.

난 연주를 잘하는 음악가야.

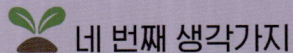 네 번째 생각가지

나는 자라서 어떤 일을 할까?

남들과 다르게 생각해?

이름: 도현
좋아하는 것: 최첨단 로봇 만들기
장래 희망: 로봇 공학자

몸이 날쌔고 유연해?

이름: 담이
좋아하는 것: 야구, 달리기
장래 희망: 야구 선수

사람들을 행복하게 하는 게 좋아?

이름: 소라
좋아하는 것: 글쓰기와 그림 그리기
장래 희망: 그림책 작가

남을 돕는 게 좋아?

이름: 유찬
좋아하는 것: 고양이 돌보기
장래 희망: 수의사

남들과 다르게 생각해?

엉뚱한 생각만 한다고 구박받은 적이 있어? 남보다 궁금한 게 많다고?
창의력이 넘치는 어린이라면 이런 직업은 어때?

신기하다, 신기해!
앞모습과 옆모습이
한꺼번에 보여!

피카소 같은 화가

피카소는 꼭 사물을 눈에 보이는 대로
그리지 않아도 된다고 생각했어.
피카소의 작품은 그림이 표현할 수 있는
세계를 더욱 넓혀 주었어.

아인슈타인 같은 과학자

아인슈타인은 다른 과학자들처럼
실험실에서 실험을 하지 않았어.
단지 남다른 아이디어만으로
놀라운 과학적 업적을 남겼지.

 피카소 같은 화가
 아인슈타인 같은 과학자

창의적인 직업

 가우디 같은 건축가
 샤넬 같은 의상 디자이너

가우디의 건물을 보면 잔잔하게 물결치는 파도가 느껴지지 않아?

어깨에 메는 끈 달린 가방도 내가 만들었어.

가우디 같은 건축가

가우디는 왜 모든 건물이 딱딱한 네모 모양인지 이해할 수 없었어. 그래서 자연의 곡선을 닮은 아름다운 건물들을 지어서 아주 유명해졌어.

샤넬 같은 의상 디자이너

옛날에 여자들은 허리가 꽉 조이고 불편한 치마를 입었어. 그걸 본 샤넬은 편안하면서도 아름다운 여자 옷을 만들어 큰 인기를 얻었어.

몸이 날쌔고 유연해?

달리기를 잘하거나 힘이 센 편이야? 어려운 춤도 쉽게 따라 할 수 있어?
몸을 움직이는 데에 자신이 있다면 이런 직업은 어때?

펠레 같은 축구 선수

브라질의 펠레는 축구 선수치고 키가 크지 않았지만 달리기가 무척 빨랐어. 18살에 월드컵에서 첫 골을 넣은 뒤 20년 동안 1,280골을 넣으면서 '축구 황제'로 불리게 되었어.

김연아 같은 피겨 선수

김연아는 7살부터 피겨 스케이팅을 시작했어. 마땅한 연습장이 없었지만 포기하지 않고 끊임없이 노력했지. 김연아는 섬세한 표현과 정확한 기술로 세계 최고의 피겨 선수가 되었어.

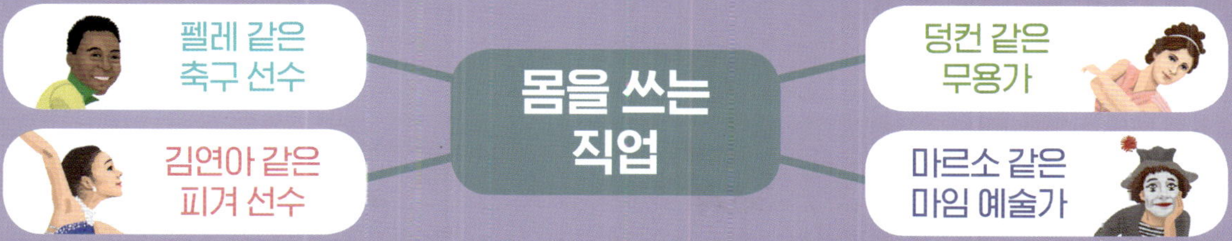

몸을 쓰는 직업

- 펠레 같은 축구 선수
- 김연아 같은 피겨 선수
- 덩컨 같은 무용가
- 마르소 같은 마임 예술가

"내가 느낀 대로 자연스럽게 표현하는 게, 무용이야."

"의자에 앉은 걸까, 앉아 있는 연기를 하는 걸까?"

덩컨 같은 무용가

이사도라 덩컨은 자연 속에서 자유롭게 춤추는 것을 좋아했어. 다른 무용가들과 다르게 토슈즈를 신지 않고 맨발로 춤을 추었지. 자신이 느낀 감정을 춤으로 자유롭게 표현해서 많은 사랑을 받았어.

마르소 같은 마임 예술가

마르셀 마르소는 어려서부터 흉내 내는 걸 좋아했어. 어른이 된 뒤에는 대사 하나 없이 몸만으로 온갖 이야기를 연기하는 마임 예술가가 되었지. 전 세계에서 큰 인기를 얻었어.

사람들을 행복하게 하는 게 좋아?

예술가들이 만들어 낸 작품은 많은 사람을 행복하게 해.
사람들을 행복하게 하는 게 좋다면 이런 직업은 어때?

내가 만든 작품 가운데 '생각하는 사람'이 가장 유명해!

로댕 같은 조각가
오귀스트 로댕은 프랑스의 조각가야. 주로 사람을 조각했는데, 작품이 마치 살아 있는 것처럼 힘차면서도 섬세해서 자꾸자꾸 보게 돼.

재미있는 이야기만큼 사람을 행복하게 하는 것도 없어.

쯧쯧, 동화책을 너무 열심히 읽었어.

왜 마법 주문이 안 되지?

롤링 같은 작가
조앤 롤링은 마법 학교에 다니는 소년의 이야기 〈해리 포터 시리즈〉를 써서, 세계의 많은 사람들이 행복한 마법에 빠지게 했어.

행복을 주는 직업

- 로댕 같은 조각가
- 롤링 같은 작가
- 비틀스 같은 가수
- 하야오 같은 만화영화 감독

"세계 어디에 가도 우리 노래를 들을 수 있어."

비틀스 같은 가수

비틀스는 네 명으로 구성된 영국의 밴드야. 새롭고 멋진 음악으로 큰 인기를 얻었어. 비틀스의 노래는 지금도 전 세계 사람들에게 행복과 즐거움을 주고 있어.

"어린이에게 꿈과 희망을 주는 작품을 만들고 싶었어."

하야오 같은 만화영화 감독

미야자키 하야오는 '이웃집 토토로', '벼랑 위의 포뇨' 같은 만화영화를 만든 일본의 감독이야. 어린 주인공들이 어려움을 이기고 행복을 찾는 작품을 많이 만들었어.

남을 돕는 게 좋아?

친구가 어려운 일을 당하면 얼른 쫓아가서 도와주는 편이야?
어려움에 처한 사람들을 도울 때 행복하면 이런 직업은 어때?

다른 사람을 돕는 것만큼 행복한 일은 없어.

슈바이처 같은 의사
독일의 알베르트 슈바이처는 의사와 병원이 거의 없는 아프리카로 건너가서 그곳 사람들을 치료하는 데 평생을 바쳤어.

중요한 것은 많이 생각하는 것이 아니라 많이 사랑하는 거야.

마더 테레사 같은 봉사 활동가
마더 테레사는 어려운 사람들을 직접 돕고 싶었어. 그래서 인도에 가서 가난하고 병든 사람들을 보살피는 데 평생을 보냈어.

마더 테레사는 수녀였는데, 수녀복 대신 인도 전통 의상을 입고 다녔어.

인도 사람들에게 친근하게 다가가기 위해서 그런 거야.

남을 돕는 직업

슈바이처 같은 의사

마더 테레사 같은 봉사 활동가

페스탈로치 같은 교육자

구달 같은 환경 운동가

페스탈로치 같은 교육자

스위스의 페스탈로치는 부모가 없는 어린이들을 모아서 돌보고 가르쳤어. 어린이가 쉽고 친근하게 공부할 수 있는 방법도 연구해서 널리 알렸어.

제대로 교육하면 누구나 뛰어난 사람이 될 수 있어.

동물의 생명도 소중하게 여겨야 해.

구달 같은 환경 운동가

제인 구달은 원래 침팬지를 연구하던 동물학자였어. 사람들이 숲을 마구 베고 동물을 해치는 것을 보고, 자연과 동물을 보호하는 환경 운동가가 되었어.

네 번째 생각가지

알쏭달쏭!
나의 꿈과 직업에 대해
잘 알아보았니?
어떤 내용이 있었는지
생각가지를 모아 보자.

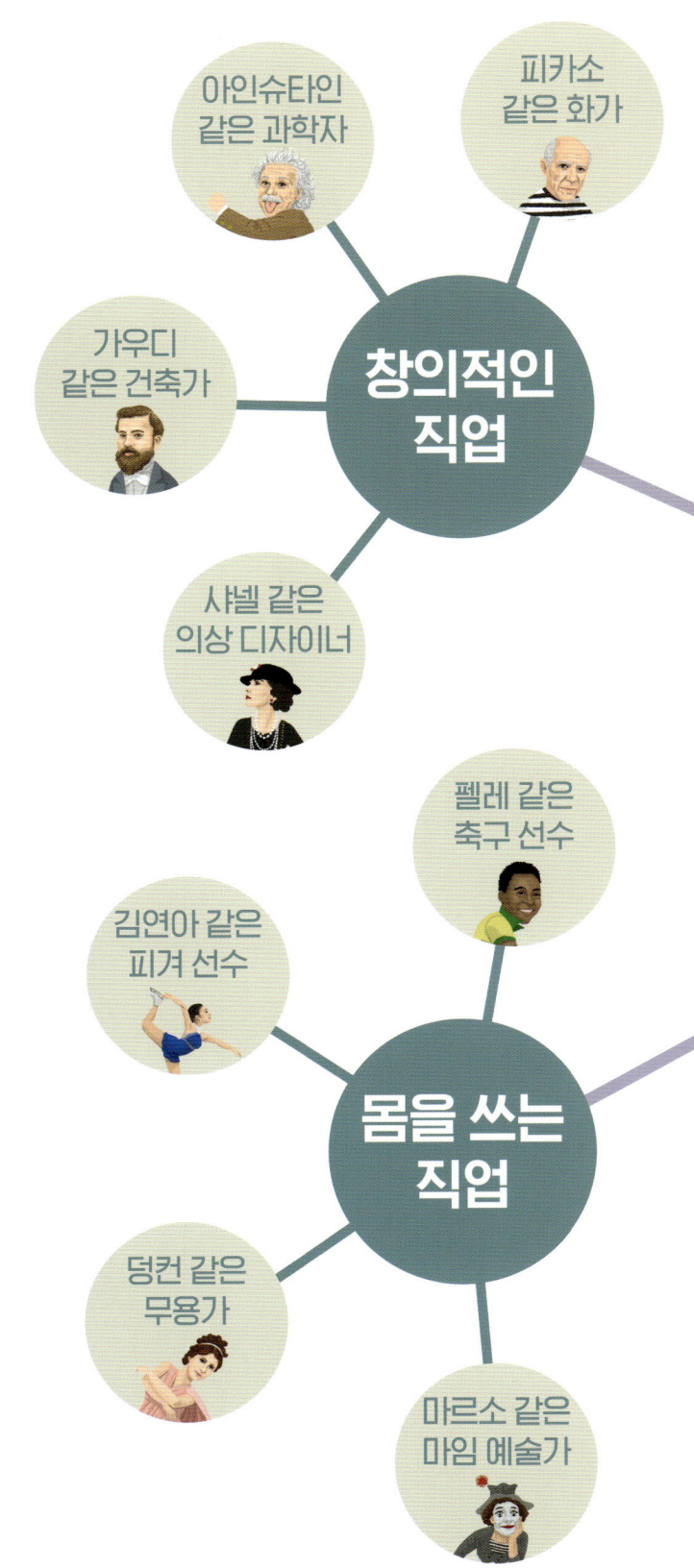

자기가 좋아하고 잘할 수 있는 직업을 고르는 게 좋아.

꿈을 가지고 노력하면 멋진 직업을 가지게 될 거야.

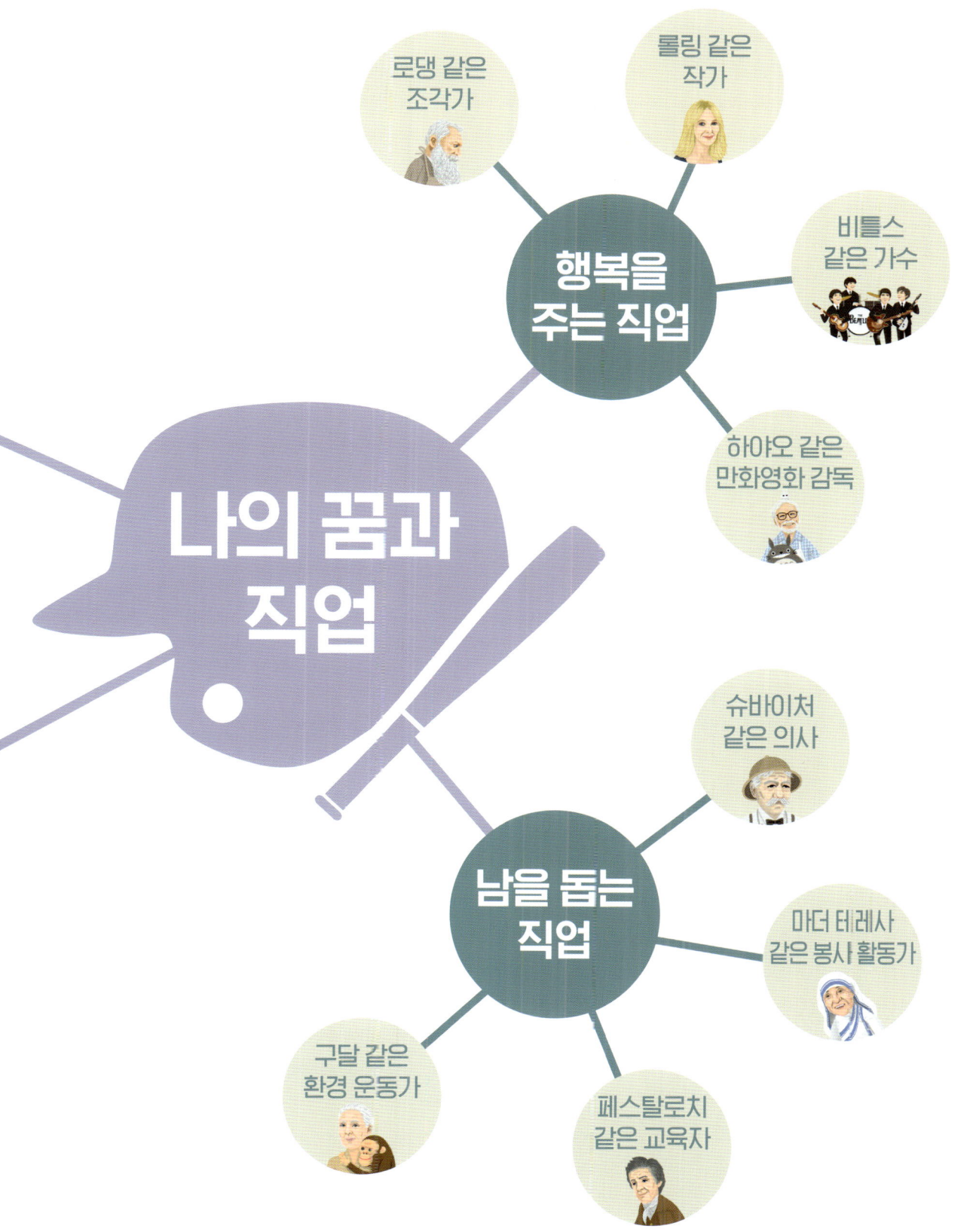

생각가지 플러스
아슬아슬 위험한 직업

으리으리한 빌딩도 반짝반짝!

고층 건물 창문 청소부는 아주 위험한 직업이야. 높은 건물에서 아래를 내려다보면 아찔아찔하지. 강한 바람이 불면 꽁꽁 매단 줄도 함께 흔들려.

위험한 장면을 더 멋지게!

영화나 드라마의 위험한 장면은 스턴트맨이 대신해. 전문적인 연습을 하지만 사고가 나는 일도 있어.

보기만 해도 심장이 떨려!

재미있는 직업도 많지만, 목숨을 걸어야 하는 위험한 직업도 있어.
세상에서 가장 위험한 직업엔 무엇이 있을까?

진실을 알리는 게 우리의 사명!

전쟁터에서 소식을 전하는 종군 기자도 위험한 직업이야. 전쟁에 휩쓸려 부상을 입거나 포로가 될 수도 있어.

위험하지만 아주 보람 있는 일인 것 같아!

얍, 오늘은 공중제비 쇼!

사자, 원숭이 같은 동물에게 재주를 가르치는 동물 조련사도 위험한 직업이야. 경험이 많은 전문가라도 언제나 조심하고 조심해야 해. 동물들이 뜻밖의 돌발 행동을 할 수 있거든.

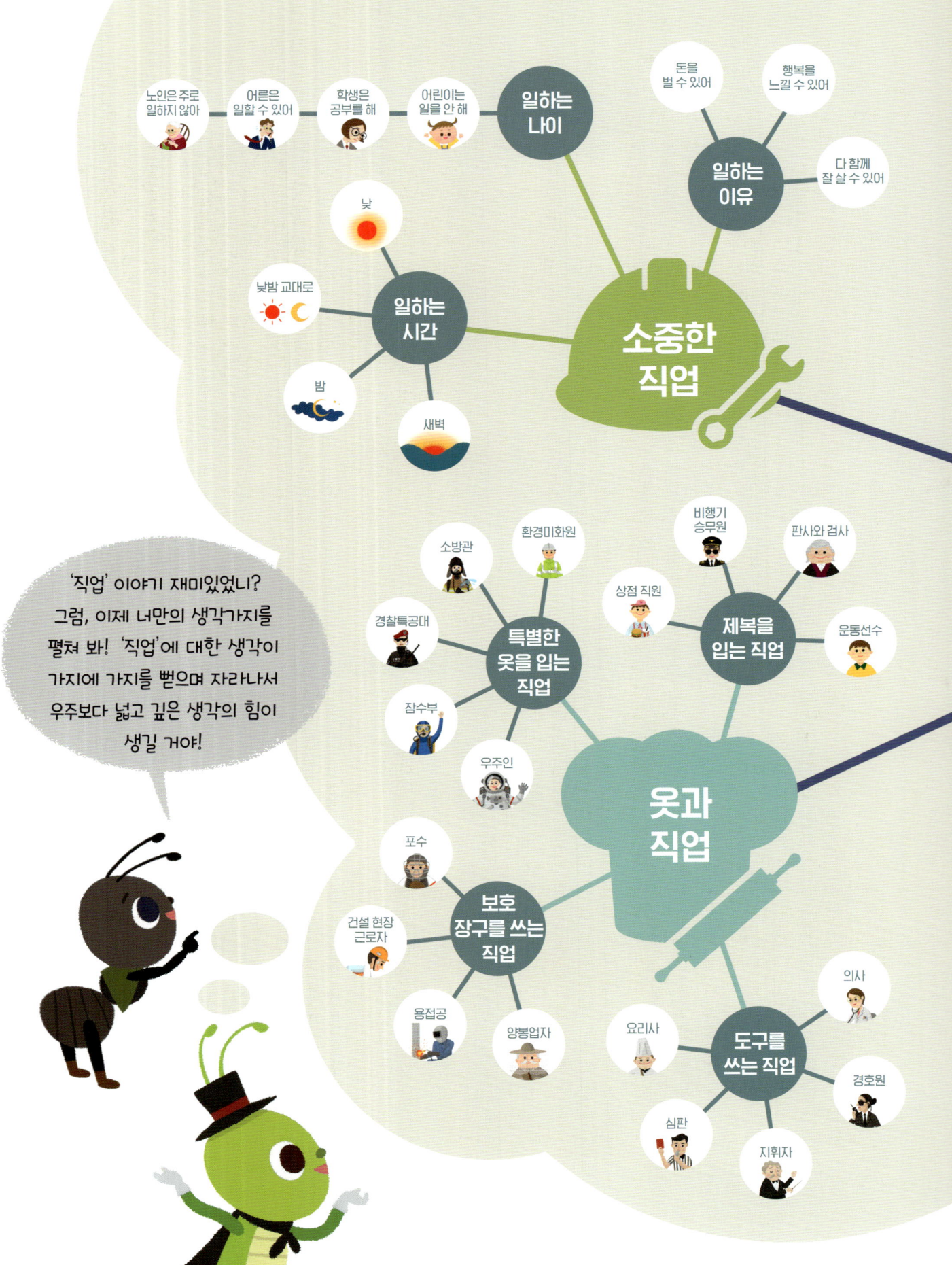

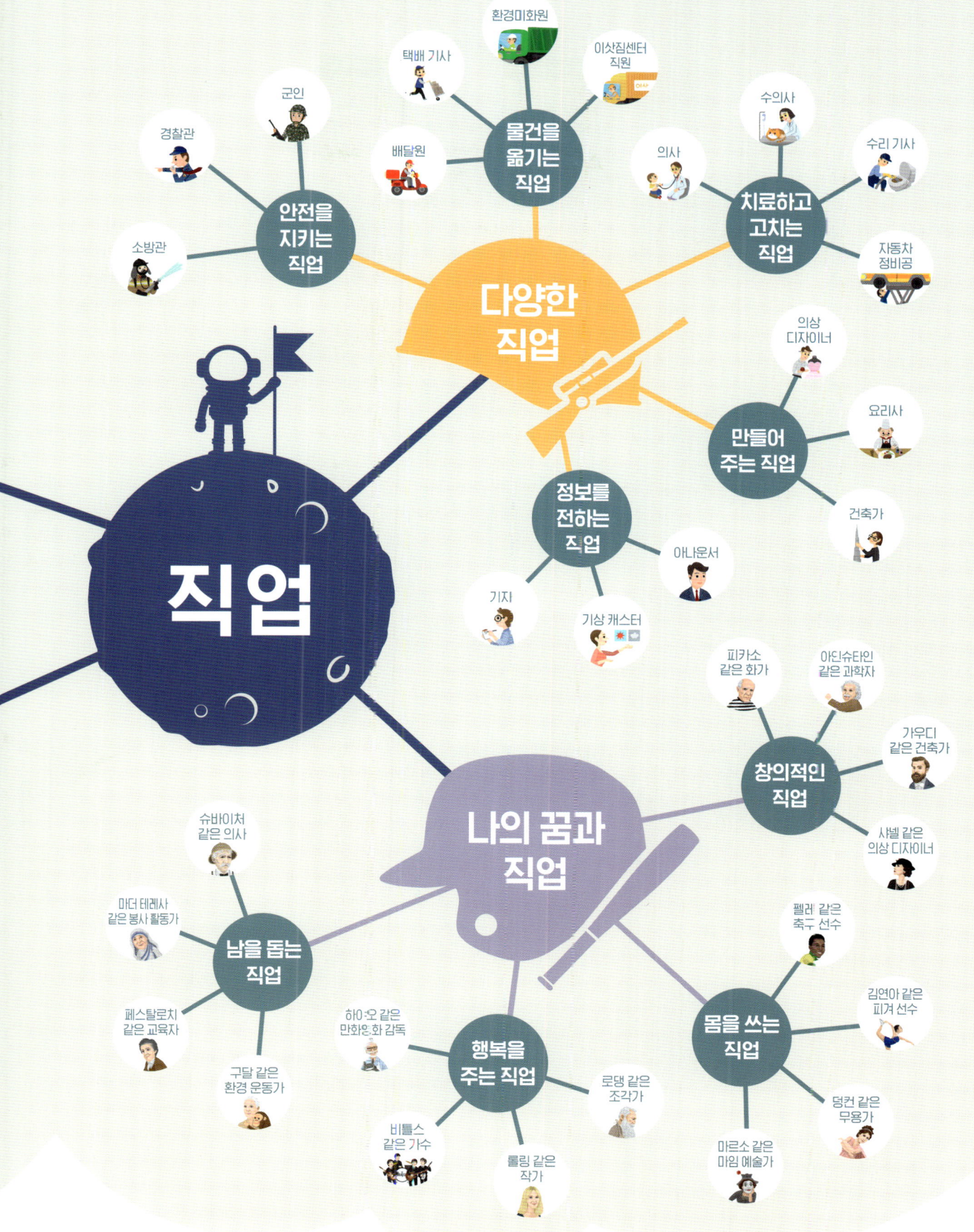